AF338641

LA FRANCE DEVANT L'ALLEMAGNE

ET

DEVANT ELLE-MÊME

PARIS — IMPRIMERIE ÉMILE VOITELAIN & C°

61, RUE J.-J. ROUSSEAU, 61

LA FRANCE

DEVANT L'ALLEMAGNE

ET

DEVANT ELLE-MÊME

Revanche! Justice!

Prix : 1 franc.

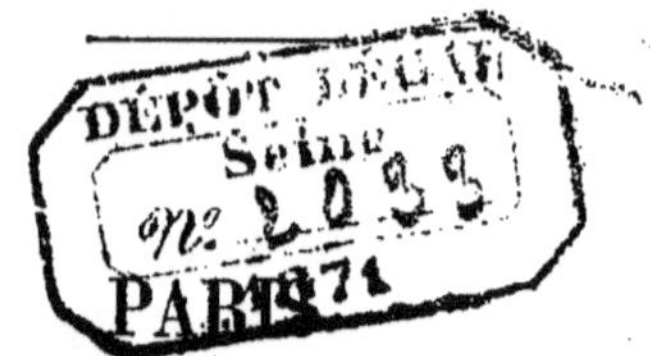

LIBRAIRIE INTERNATIONALE

A. LACROIX, VERBOECKHOVEN ET Cⁱᵉ, ÉDITEURS

15, boulevard Montmartre et faubourg Montmartre, 13

MÊME MAISON A BRUXELLES, A LEIPZIG ET A LIVOURNE

—

1871

PROFESSION DE FOI

A LA REPRÉSENTATION NATIONALE

EN GUISE DE PRÉFACE

On nous a proposé une candidature en province, aux élections partielles qui vont avoir lieu. Nous avons refusé pour deux motifs : le premier, c'est qu'une candidature ne s'improvise pas, — surtout en province, — à moins que l'on ne s'appelle Victor Hugo, par exemple, ou bien que l'on appartienne à des associations desquelles nous sommes loin d'avoir l'intention de faire partie; notre second motif, c'est que nous vous voulons consacrer au bien de notre pays un temps que, par cela même, nous ne pouvons perdre à écouter les vieillards égoïstes et certains petits crevés qui tiennent le haut du pavé d'une Assemblée qui n'est, pour beaucoup de ses membres, *nationale* que de nom.

On nous a demandé quand même une profession de foi.

Nous en avons donné une, — document *in partibus,* — que nous publions ci-dessous, en signe de déférence pour nos lecteurs, voulant tout d'abord leur faire connaître nos sentiments comme citoyen.

———

Élections partielles du .... mars 1871

« MES CHERS CONCITOYENS,

« Voici ma profession de foi.

« Je vous dirai d'abord, sans remonter trop loin, ce que je pense du passé.

« Les réformes que nos pères inaugurèrent en 1789 furent bientôt contrecarrées par la réaction du privilége, ce qui amena de terribles, mais inévitables représailles.

« Au moment où la République allait enfin pouvoir fonctionner avec régularité, un conquérant, déserteur de l'armée d'Égypte, aidé de quelques complices auxquels il avait promis de partager nos dépouilles, un conquérant s'empare de la République, en fait l'Empire, qui amène l'égorgement d'un million de Français et deux invasions.

« Nous avons eu, ensuite, à nouveau, l'ancienne monarchie. Elle sombra après avoir souvent souillé son drapeau blanc dans le sang républicain ; elle sombra emportée par la haine et le mépris.

« Qu'a fait de bon le gouvernement de Juillet? Je ne veux pas le voir. Au milieu du deuil de ma patrie, je ne considère, pour le moment, que le mal qu'il nous a causé, en ne faisant point fusiller, comme c'était son devoir, le sinistre héros de Strasbourg et de Boulogne.

« Ai-je besoin de vous rappeler que la République de 1848 ne laissa tant à désirer que parce que nos représentants d'alors étaient, pour la plupart, animés de vues légitimistes ou bonapartistes, c'est-à-dire traîtres au mandat qu'ils avaient sollicité de la nation.

« La République, bientôt aux mains de Bonaparte, ne tarda pas à être déshonorée par lui, et la majorité de la nation se prit de haine pour la République, qui n'était qu'à plaindre, telle qu'une jeune fille qu'un Prussien souillerait de son contact !

« Nous avons eu le second empire qui nous a conduits à l'abîme.

« Après le 4 septembre, nous eussions encore pu vaincre ; mais nous étions aux mains d'hommes avilis par Bonaparte. Ceux d'entre eux qui pouvaient tout, n'ont rien fait. La République et les républicains ne sont pour rien dans aucun de nos malheurs. Je dis que la République les a atténués, au contraire, parlant de ce que j'ai vu.

« L'heure n'est-elle pas arrivée où il faut faire abstraction de tout esprit de parti? — Le passé, avec ses monarchies et ses empires, ne nous a rien donné de bon. Essayons franchement et courageusement du régime républicain qui, comme je l'entends, comme il sera si nous n'avons que des républicains sincères et éclairés à l'Assemblée nationale, nous donnera ce que

nous avons le droit d'attendre d'un gouvernement :
honneur, destruction de tous les *abus* et *privilèges*, et
par cela même bien-être général, réparation de tous
nos malheurs! Ah! je demande beaucoup en peu de
mots, mais pas plus qu'il n'est juste et possible d'obte-
nir.

« Mes chers concitoyens, telle est ma profession de
foi. Si vous partagez mes sentiments et que vous me
nommiez votre représentant, vous me trouverez toujours sur la brèche, prêt à défendre votre honneur et
vos intérêts, quelque rude que soit la tâche. »

ÉTIENNE VATTIER.

Paris, 9 mars 1871.

LA FRANCE DEVANT L'ALLEMAGNE

I

Pour tout homme de bonne foi, l'origine de la guerre qui vient de se terminer si douloureusement pour nous, a sa source principale dans l'esprit de rapacité et de basse jalousie qui distingue les Allemands en général et les Hohenzollern en par-ticulier (1). A cela, on peut ajouter que le sol de l'Allemagne est ingrat et que les habitants du pays ont de nombreuses familles. Avec leurs instincts, que nous ferons connaître plus loin, nous avions tout à redouter d'eux.

Notre industrie, notre commerce et notre agri-

---

(1) Les Allemands nous en veulent surtout depuis l'Exposition universelle de 1867. Eux et leurs souverains bondissaient de dépit à la vue de notre supériorité industrielle, et ils ne rêvèrent bientôt plus qu'aux moyens de la détruire !

culture, il n'y a pas plus de huit mois encore, flo-
rissaient grâce à notre sol, à notre climat et à
certaines qualités qui nous distinguent : esprit de
travail, intelligence et moralité propres aux races
latines que des races barbares n'ont jamais assu-
jéties à leur joug. Nos arts n'avaient rien à envier
à l'art de nos voisins. L'excédant de nos revenus
nous permettait de prêter chaque année des sommes immenses à la Russie, à l'Autriche, à l'Italie,
à la Turquie, à l'Espagne et à diverses autres nations.

(Nous dirons encore, entre parenthèse, très-har-
diment, que la valeur de nos grands-pères de 1792
n'avait pas déserté les veines de leurs petits-fils.)
 Par malheur, l'esprit de cohésion entre les dif-
férentes classes de la société manquait depuis
longtemps. L'unité française était vraie, au point
de vue géographique, mais mensongère en ce qui
concerne les rapports des hommes entre eux.

La Restauration s'était appliquée, autant qu'elle
l'avait pu, à rétablir les priviléges de la noblesse (1),
au détriment du reste de la nation.

Le gouvernement de Juillet, bien que miné chaque jour par les légitimistes et par les bonapartistes, ne fut pas sans travailler à l'affranchissement du peuple. Il avait repris les bonnes traditions

---

(1) Napoléon Ier avait déjà largement pratiqué la voie.

de la Révolution, par des créations d'écoles, par l'impulsion donnée au commerce, à l'agriculture et à l'industrie (1). Mais il voulait la paix. Le bonapartisme prêchait la guerre, tonnait contre les « odieux traités de 1815, » et, hélas! était puissamment aidé par Béranger, le propagateur de la « légende napoléonienne. »

Le gouvernement de Juillet avait pris de profondes racines dans le pays, en dépit des menées dont il était l'objet.

Ce fut là son crime, même aux yeux de quelques libéraux égarés qui, voulant le renverser, s'unirent aux bonapartistes, aux légitimistes même. C'est cette triste et coupable alliance qui, survivant à sa fatale raison d'être, nous a donné la déplorable Constituante de 1848.

Un républicain éprouvé, éclairé, incapable d'aucune compromission, M. Grévy, qui préside aujourd'hui l'Assemblée nationale, se défiait de « la légende napoléonienne, » des entraînements d'un peuple qui n'a pas encore appris à se servir de l'arme si redoutable qu'on appelle le suffrage universel.

Il formula une proposition, tendant à ce que le président de la République fût nommé par l'Assem-

---

(1) Nous voulons être juste pour tout le monde, même pour le roi Guillaume, lorsque l'occasion va s'en présenter.

blée : sa proposition fut repoussée par les légitimistes et par les bonapartistes qui, en grand nombre, siégeaient sur les bancs de la majorité d'alors.
On savait que Louis Bonaparte avait l'intention de
se présenter : les légitimistes voulurent lui frayer
le chemin de la présidence, espérant qu'il tuerait
la République ; la conduite des bonapartistes s'explique d'elle-même. Les rares amis qui étaient
restés à la monarchie de Juillet et les républicains
intelligents (1) furent seuls à voter avec M. Grévy.

« La légende napoléonienne » produisit son effet.
La majorité de la nation, les campagnes surtout,
obéissant à un sentiment à jamais détestable, —
produit de la propagande bonapartiste, — appela,
en 1848, Louis-Napoléon, qui n'était alors que le
héros de Strasbourg et de Boulogne, à la présidence
de la République.

L'Assemblée, au lieu d'avoir un chef du pouvoir
exécutif, eut un adversaire. Elle ne tarda pas à s'en
apercevoir ; mais il était trop tard. L'ennemi était
dans la place et s'y était déjà fortement ancré.
Il surexcitait l'armée contre le peuple et la flattait
de l'espérance, au cas où il serait le maître un jour,
de victoires à remporter, et sur les *civils* qui, à la

---

(1) Plusieurs républicains, par suite d'un respect mal compris
pour le suffrage universel, votèrent contre la proposition, ne se
doutant assurément pas qu'ils préparaient la ruine de la République.

suite des journées de février, avaient exigé l'éloignement des troupes de Paris, et contre nos anciens ennemis de 1815.

*
* *

Avec un bon gouvernement, notre situation d'il y a huit mois eût été magnifique (1). Il est probable que nous n'eussions rien eu à craindre de la part de l'étranger ; mais eussions-nous été attaqués que, comme nos pères de 1792, nous aurions certainement repoussé l'invasion étrangère. Mais, en 1851, Bonaparte aidé de quelques complices, commettait le crime du 2 décembre, crime suivi d'une foule d'autres, sous prétexte du maintien de l'ordre ! — Ceux qui avaient voté pour lui, en 1848, applaudirent. En 1852, Bonaparte prenait, pour lui et sa race à jamais maudite, la dignité d'empereur. Les applaudissements ne manquèrent pas, tant « la légende napoléonienne » avait perverti d'hommes !

Pour la troisième fois en quatre ans, la majorité de la nation venait de se servir contre la nation tout entière, c'est-à-dire contre elle-même et contre la minorité (ou plus intelligente, ou mieux inspirée), du suffrage universel, qui, entre les mains de Bona-

---

(1) Sauf cependant le tort que causait à notre industrie les traités de commerce consentis criminellement ou follement par Bonaparte à l'Angleterre.

parte et de ses créatures, allait devenir une véritable machine de guerre contre chacun de nous.

Les ravages de la légende napoléonienne venaient, une fois encore, de faire commettre une faute immense, qui devait tôt ou tard être terriblement expiée, faute trop grande pour que le sang coupable pût suffire à l'expiation : pour le racheter, il fallait aussi du sang innocent, et Dieu sait combien il y en a eu de versé !

*
* *

Il est inutile d'insister sur le système qui présidait au mode dont nous étions gouvernés par Bonaparte et les siens. Complices et victimes, chacun sait à quoi s'en tenir. Rappelons seulement que les trésors votés chaque année pour l'armée et pour la marine étaient, en grande partie, détournés de leur destination (1) et que les détournements opérés servaient à constituer de grandes fortunes à nos gouvernants.

Il s'ensuivait que nos places fortes étaient dans un état de dénûment complet : sans armes, sans munitions, sans équipages, sans vivres; que nos troupes, dont l'administration volait l'argent, mais auxquelles, comme compensation, on accordait tout le relâchement de discipline qui pouvait leur plaire,

---

(1) Notamment les fonds de la Caisse d'exonération.

ne possédaient point l'excellent esprit de nos anciennes armées.

Cela explique pourquoi la campagne de Crimée a été si longue et si meurtrière; pourquoi la campagne d'Italie a failli aboutir à un immense désastre; pourquoi la campagne du Mexique n'a eu d'autre résultat que du sang vainement répandu!

*
* *

Tandis que la France, démoralisée de fond en comble par le gouvernement que, dans des jours d'aberration, elle s'était donné, la Prusse se préparait à paraphraser certain mot de Louis XIV, la Prusse s'apprêtait à dire : « L'Allemagne, c'est moi! »

L'empire d'Allemagne devait appartenir au plus hardi, au moins scrupuleux, soit de l'empereur d'Autriche, soit du roi de Prusse. Guillaume le voulait et Bismarck voulait le donner à son maître. L'un et l'autre, dépourvus de toute vergogne, sans tenir compte des vœux des peuples (vil bétail à leurs yeux), ils écrasaient leur pays d'impôts; mais ils s'armaient et s'organisaient militairement comme jamais nation ne le fut.

Bonaparte et ses ministres, auxquels ce qui se passait en Prusse était raconté, trouvaient que c'était pour le mieux, témoin la fameuse théorie des trois tronçons qui devait couvrir si justement

M. Rouher de ridicule. Une sorte de fatalité aveuglait ces hommes.

Déjà M. de Bismarck avait séjourné en France, comme ambassadeur du roi Guillaume. Il s'était constitué l'élève politique de Bonaparte, duquel il avait de la sorte, sans peine, capté l'entière confiance. Il avait établi chez nous, parmi la foule de Prussiens qui vivait à nos dépens, le plus formidable complot d'espionnage qui se soit jamais vu. Pendant quelques années, tant le complot était bien ourdi, nous avons eu des Allemands partout, même à la tête de l'exploitation d'une de nos principales compagnies de chemins de fer, même comme secrétaires généraux de préfecture !

Une nuée de prétendus financiers allemands avait été jetée sur notre marché, où elle se livrait aux opérations les plus scandaleuses, lançant ou acclimatant sur la place de Paris les plus détestables affaires, ou bien faisant « le coup de la fourchette » chez nos agents de change (1), dans le seul but de nous ruiner à moitié, en attendant qu'on parvînt à nous ruiner tout à fait, tant notre

---

(1) « Le coup de fourchette » consiste en ceci : deux compères se font ouvrir des comptes chez les mêmes agents de change ; l'un joue à la hausse, l'autre à la baisse ; de la sorte, il y a toujours un gagnant. Le perdant disparaît ; mais le gagnant encaisse les bénéfices de son opération.

prospérité avait surexcité la convoitise et la basse jalousie du peuple allemand et surtout de son gouvernement.

Dans les écoles allemandes, l'enseignement était systématiquement faussé : la France (qui valait cependant, moralement, en dépit de ses mauvais gouvernants, cent fois mieux que l'Allemagne), la France était représentée comme le foyer de toutes les corruptions, foyer qu'il fallait détruire, dans l'intérêt de la moralité des nations. L'histoire était travestie par ordre supérieur : nos guerres défensives de la fin du dernier siècle et du commencement de celui-ci étaient représentées comme des guerres de conquêtes. Nous avions voulu et nous voulions, prétendait-on, nous emparer de la terre germanique !

La vérité est que nous n'avions jamais fait que de nous défendre, — mais non sans beaucoup de gloire, — et il fallait nous peindre à la jeunesse allemande comme des envahisseurs, comme de vils criminels, comme une nation pire encore, s'il est possible, que ne l'est en réalité la Prusse.

Tout professeur devait se conformer à cet enseignement, non-seulement dans les établissements publics, mais encore dans les maisons particulières. M. de Bismarck, pour la réussite de ses projets, voulait que nous fussions méprisés et haïs en Allemagne. Un misérable du nom de Frédéric-Charles (neveu de Guillaume), hobereau de sang et de dé-

2

bauches, secondait de tous ses efforts les vues du ministre prussien.

Tandis que l'enseignement en Allemagne se faisait de la sorte, que les financiers allemands nous volaient, que les ingénieurs allemands trahissaient tous leurs devoirs envers ceux qui les occupaient, les commerçants et les ouvriers d'outre-Rhin gagnaient plus chez nous en une semaine que chez eux en un mois : tous nous espionnaient; tous, jaloux de ce que nous possédions et de ce que nous valions, avaient pour *objectif* (un mot à eux) de nous miner, de nous faire sauter et de se partager nos ruines; on ne saurait être plus Prussien, c'est-à-dire moins digne de figurer dans les rangs de l'humanité.

*
* *

Pendant ce temps, Bonaparte rêvait que sa dynastie était solidement fondée. La France égoïste songeait aux affaires; la France intelligente se demandait anxieusement jusqu'à quand durerait le régime que nous avions et où il allait nous conduire.

Les puissances neutres, c'est-à-dire la Russie, l'Autriche, l'Angleterre, l'Italie, nous empruntaient de l'argent, ou profitaient de traités de commerce vendus par la faction qui régnait alors chez nous; tous nous détestaient par le seul fait que notre gouvernement était partout détesté. On rendait la nation tout entière responsable de l'indignité de son chef, et il en devait résulter que ceux-là même qui nous doivent l'existence, — les États-Unis, — ne trouveraient de paroles sympathiques que pour nos ennemis : il est vrai que, moralement parlant, M. Grant ne vaut pas mieux que M. Bonaparte ou que M. de Bismarck.

*
* *

Dès 1864 (nous étions alors engagés dans la déplorable affaire mexicaine), en dépit des traités, la Prusse, mettant lâchement l'Autriche de complicité avec elle, envahissait le Danemark ; forcément nos hommes d'État laissèrent faire ; les autres grandes puissances agirent de même.

En 1866, nous n'en avions pas encore fini avec le Mexique. A la suite de Sadowa (qu'au témoignage à nous rapporté par un officier supérieur prussien, notre gouvernement pouvait empêcher avec 25,000 hommes), la Prusse, enhardie, ne trouvant d'opposition nulle part, spolia de tous côtés, ne faisant aucune attention aux réclamations qui lui étaient adressées par nos hommes d'État d'alors, même en ce qui concernait le Danemark.

A quelque temps de là, la Hollande consent à nous céder le Luxembourg, satisfaction d'amour-propre que voulait se donner le régime impérial. Le roi Guillaume ne le voulut pas : Bonaparte s'inclina. Il nous dit que ses préparatifs de prise de possession lui avaient coûté cent millions, et la Chambre d'alors le crut sur parole. Cela se passait en **1867**.

*
* *

Trois années s'écoulent, trois années pendant lesquelles tout homme qui réfléchissait se disait que, d'un jour à l'autre, la guerre éclaterait. Les préparatifs militaires de la Prusse, visiblement dirigés contre nous, nous édifiaient à cet égard.

Nous sentions le danger imminent qui nous menaçait et nous ne voulions pas le fuir. La nation, sans acception de partis, unie dans un sentiment de conservation commun, demandait la sécurité pour nos frontières de l'Est. Dans sa naïve bonne foi, et en consultant les énormes budgets annuels des ministères de la guerre et de la marine, elle se croyait prête à tout événement. Elle avait le droit de supposer qu'une alliance offensive était conclue avec l'Autriche (1). Nous ne rêvions point de nous emparer d'une seule parcelle de la terre germanique; nous voulions simplement que notre territoire, nos familles et nos richesses fussent mis à l'abri d'un coup de main des hordes d'outre-Rhin.

----

(1) Cette alliance eût été conclue sans l'outrecuidante légèreté de MM. de Gramont, Ollivier et Lebœuf.

*
* *

Nous sommes en 1870 et nous avons le ministère du 2 janvier, dont le chef, prophète un jour, s'était déclaré « le spectre du 2 décembre. » Il était républicain alors, mais s'était rallié à la cause impériale, arrivée à son déclin! Nous avons la retraite de M. Daru et son remplacement au ministère des affaires étrangères par M. de Gramont (à propos du plébiscite). L'arrivée aux affaires de M. de Gramont (qui venait de quitter l'ambassade de Vienne), diplomate connu par sa haine personnelle contre la Prusse, ne fut pas vue d'un très-bon œil; on y devina un signe de guerre prochain. Le plébiscite eut lieu, chauffé à blanc et par les fonctionnaires de tout ordre, et par un comité hybride se composant de personnages d'une moralité au moins douteuse, mais ayant du crédit auprès des populations.

Voter *oui*, affirmait-on, c'était voter la paix et la prospérité; voter *non*, c'était vouloir la ruine du pays.

On vota *oui*, et l'Empire se crut tout permis.

L'Empire qui, en 1864, en 1866 et en 1867, avait subi de grands outrages (sans même se plaindre) de la part de la Prusse, sort violemment de sa torpeur à propos d'une question qui ne valait pas la peine qu'on s'y arrêtât, qu'on pouvait au moins trancher au moyen d'un simple télégramme envoyé à Madrid.

On sait qu'il s'agissait de la candidature d'un Hohenzollern au trône d'Espagne.

L'on s'adresse au roi Guillaume, qui donne toutes satisfactions désirables. Mais cela ne suffit pas à l'homme qui tenait en main nos destinées; la guerre n'eût cependant pas été déclarée sans un astucieux artifice de M. de Bismarck, qui envoya aux petites cours allemandes une dépêche annonçant que la France, à propos de la candidature Hohenzollern, avait été malmenée dans la personne de son ambassadeur près de la cour prussienne; ce fut là l'étincelle qui mit le feu aux poudres.

M. de Bismarck savait bien ce qu'il faisait : il était prêt et Bonaparte ne l'était pas, en dépit des affirmations contraires de notre ministère.

Nous n'eussions cependant pas succombé sans ce fait que nous avons signalé plus haut : le manque d'unité de vues et de sentiments dans les diverses classes de la société.

Nous avions à expier le mobile à jamais regrettable qui avait appelé les votes du suffrage universel sur un Bonaparte; mais l'expiation n'a-t-elle pas dépassé toutes bornes?

Guillaume, Bismarck et Frédéric-Charles sont des conquérants de l'école de Tamerlan, fléaux qui détruisent tout sur leur passage.

Ils ne prévaudront pas longtemps contre l'école

déjà formée chez nous pour l'affranchissement des peuples.

Les quatre cent mille prisonniers qu'ils nous ont faits ont déjà préparé la revanche que nous avons à prendre, et la féodalité germanique, — en même temps que les vestiges de la nôtre, — ne tardera pas à faire place, nous l'espérons, à un avenir infiniment meilleur que le passé et le présent.

Du reste, n'y a-t-il pas déjà bien trop longtemps que ces familles entières de hobereaux vivent du travail de ceux qu'elles ont spoliés jadis? L'heure où ces scandales séculaires feront place à un état de choses nouveau ne doit pas tarder à sonner. Guillaume et les siens l'ont certainement de beaucoup avancée (1).

---

(1) Notre brochure était écrite le 1er mars. Nous nous bornons à cette observation.

II

Le Germain n'est qu'une ébauche de la nature.
C'est un de ces êtres lourds, incomplets, l'air sou-
riant, mais le fond mauvais, tel que, dans la créa-
tion, nous trouvons quelques espèces. Il y a peu
de temps encore, il avait une certaine réputation
de civilisation : on sait aujourd'hui que sa bar-
barie ferait honneur à ses ancêtres d'il y a vingt
siècles, qui étaient traîtres, pillards et très-féro-
ces. Le Germain parle sans cesse de son foyer do-
mestique, — le fameux *vaterland*, — et il va sur
n'importe quel point du globe où il y a un métier
servile à exercer, pourvu qu'il puisse satisfaire ses
appétits; c'est un parasite que l'on rencontre partout. Il a de l'aptitude pour certains instruments
de musique; mais ses facultés artistiques ne dé-
passent pas l'harmonie du son. Sa pesanteur le
rend très-propre à l'étude des mathématiques et de
la géométrie. On entend dire que l'Allemagne a
fourni quelques romanciers, quelques poëtes qui
n'étaient pas sans mérite, tels que Gœthe, Schiller,
Hoffmann; mais les historiens allemands, tels que

Niebuhr, le plus savant d'entre eux, ne sont que des rêveurs ou des imposteurs. L'Allemagne a produit quelques personnages scientifiques qui ne sont point sans valeur, tel que Humboldt. Mais, chose digne de remarque, si l'on parvient à pénétrer les mystères des familles, on découvre que l'Allemand qui a fait preuve d'une supériorité véritable, sauf en musique et en mathématiques, provient d'un croisement de races, d'un père toujours *réellement* étranger. Comme philosophes, on a fait une certaine réputation aux Allemands; la vérité est qu'ils ne comprennent pas eux-mêmes leurs systèmes de philosophie; cependant, en ces derniers temps, on y a découvert la fameuse maxime de M. de Bismarck : « La force prime le droit! »

Avec un gouvernement civilisateur, les Allemands, y compris les Prussiens, eussent pu prétendre marcher de pair, avec nous, en tête de la civilisation; mais, abrutis par l'absolutisme, par le régime féodal, qui soumet encore les fils des vaincus des anciens temps à tous les caprices des descendants des vainqueurs d'autrefois, des âges absolument barbares, n'osant se soustraire à ce régime, à ce joug corrupteur de la nature humaine, les Allemands sont bas, méprisables et justement méprisés dans tous les pays. On peut les fouetter, leur faire des injures de toute sorte, sans qu'ils en conservent de rancune, — en apparence du moins.

*
* *

En 1866, le roi Guillaume accable de mauvais traitements les nouveaux sujets que Sadowa faisait entrer sous ses lois. Ces gens-là ne lui en ont été que plus fidèles ensuite ! En attendant mieux à leur profit.

Singulière nature d'hommes ! Ebauche restée ébauche par suite du système féodal, autant peut-être que par la nature vicieuse, abjecte de l'individu.

Des circonstances atténuantes pourraient être invoquées en faveur de ces hommes par un saint Vincent-de-Paul ou un Lachaud ; mais, pour nous, nous n'avons qu'à nous prononcer selon toute justice.

Chose incroyable, mais qui peint admirablement nos spoliateurs : à peine l'armistice était-il signé que le Germain, sans pudeur, nous conviait à nous réconcilier avec lui, « à marcher la main dans la main dans les sentiers du progrès. »

On ne saurait joindre à la bassesse qui caractérise les sujets de Guillaume plus d'outrecuidance.

Voici ce que nous avons à leur répondre et ce que nous leur répondons :

« Aujourd'hui, la paix est signée ; la paix matérielle, oui ; mais la paix morale, non. Celles de vos troupes qui ont occupé un quartier de Paris ont pu

s'en apercevoir : portes et fenêtres closes partout ;
le mépris que vous inspirez si justement peint sur
les rares visages français que vous avez aperçus. La
population a même cruellement puni quelques mal-
heureuses filles dégradées qui s'étaient approchées
de vous ! » (nous constatons un fait, rien de plus.)

Nous avons encore le droit de vous dire :

« Vous prêchez la réconciliation : croyez-vous
donc, messieurs de la Germanie, qu'il y a encore
quelque chose à voler chez nous ? — N'avez-vous
pas, sans que ce que l'on appelle les tristes néces-
sités de la guerre puissent en rien vous justifier (1),

---

(1) Par suite de son organisation, l'armée allemande presque tout
entière devait logiquement être assimilée, nous ne dirons même pas à
la garde mobile, mais à nos francs-tireurs, à nos gardes nationaux
mobilisés ou non, et même à quiconque d'entre nous, revêtu d'un
uniforme ou non, qui défendait son pays les armes à la main. Pour
essayer de justifier leurs crimes, les atrocités sans nombre qu'ils ont
commises, les Allemands ont déclaré pendant toute la guerre qu'ils
ne voulaient reconnaître comme belligérants que nos troupes régu-
lières. C'était bien digne d'eux. — Une immense peuplade s'était
ruée sur nous. Elle savait que nos armées n'existaient plus, puisque,
sur cent vingt régiments, cent seize ont été livrés à Sedan et à Metz,
et elle ne voulait avoir affaire qu'à des soldats ! — Sous le prétexte
cent fois mensonger que nous violions les « lois de la guerre, » les
Allemands brûlaient, ravageaient, tuaient, volaient, imposaient des
contributions de guerre énormes ; c'était, de leur part, le droit de
la force et du crime que l'on essayait de colorer du titre de représailles ; c'était l'application de la plus odieuse tartuferie qui se soit
jamais vue.

ravagé et incendié nos villes et nos villages, partout où vous avez passé? Lâches que vous étiez, vous faisiez le désert là où vous portiez vos pas ; vous fusilliez les populations entières, les femmes et les enfants, tant vous aviez peur de trouver une juste vengeance prête à vous faire face lors de votre retour ! — Chose qui s'est vue pour la première fois depuis des siècles, et dont vous seuls étiez capables, vous avez dévalisé les villes et les villages que vous avez occupés, emportant chez vous nos meubles, nos instruments d'agriculture, nos machines. On a souvent parlé de votre goût pour nos pendules : lequel de vos statisticiens calculera combien vous nous en avez enlevé?

» Vous parlez de réconciliation, messieurs de la Germanie : vous croyez donc qu'il y a encore quelque chose à voler chez nous?

» D'ici dix-huit ou vingt ans, et nous vous dirons bientôt pourquoi, il n'y a pas de réconciliation possible entre nous. Nous ne voulons pas d'Allemands, même pour balayer nos rues et nettoyer nos égouts, ni d'Allemandes, sinon, comme par le passé, pour regarnir de temps en temps nos lupanars!— Hélas! oui, nous avons des lupanars, comme tous les peuples du monde; mais ce sont surtout vos filles qui les pourvoient, comme elles pourvoient en général ceux des autres nations. Qu'elles reviennent donc vos blondes Marguerites; quant à vous, race d'espions et de détrousseurs, sortez, et que nous ne vous voyions plus. »

Les Allemands méritent, et de reste, qu'un tel langage leur soit adressé.

*
* *

En 1821, un romancier de la Germanie, Gœthe, écrivait ceci dans son *Wilhem Meister :*

« Le Prussien est méchant par nature ; la civilisation le rendra féroce. »

Ce jugement devrait s'appliquer à tous les Allemands d'aujourd'hui, si nous pouvions les considérer comme des hommes civilisés et non comme des êtres incomplets, dont les mauvais instincts, dans toutes les classes de la société germanique, ont été développés par le régime féodal.

A la noblesse, possédant d'immenses domaines (spoliés sur les peuples par droit de conquête), il faut, pour la conservation de ses priviléges, un régime d'absolutisme.

Au peuple, un dédommagement est nécessaire, et il le trouve dans l'émigration. Mais c'est peu, c'est précaire. Volé par ses maîtres, il aspire à prendre sa revanche n'importe où, si bien, qu'à un moment donné, il n'y a qu'un mot à dire pour le lancer à la curée sur une nation voisine. Spolié, il veut, lui aussi, spolier. Que ne s'en prend-il à ceux desquels il a véritablement à se plaindre : espérons que cela viendra sans trop tarder. Nos soldats prisonniers ont, à cet effet, inconsciemment, *providentiellement* sommes-nous tenté de dire, laissé des traces ineffaçables. Ils ne cherchaient que leur plaisir et ils ont infusé à l'Allemagne un sang nouveau (1).

Quel statisticien germanique nous dira jamais combien en Allemagne naîtra cette année d'enfants dus aux œuvres de nos prisonniers de guerre?

C'est certainement par centaines de mille qu'il faudrait compter.

Pas immense pour la civilisation!

Des fils vont nous naître en Germanie. Il y en aura une légion innombrable : cette légion sera en communauté de sentiments, d'idées, de principes avec nous. Nous lui donerons la main et nous concourrons avec elle à l'établissement d'une civilisation véritable, qui sera le règne de la justice.

Cela est moins une rêverie qu'on pourrait le croire.

---

(1) Tandis qu'en France la plupart des femmes, même les plus dégradées, fuyaient le contact des Allemands, les femmes et les filles de la Germanie étaient amoureusement empressées auprès de nos prisonniers de guerre, n'avaient rien à leur refuser. Cela s'explique facilement : notre troupier est entreprenant et l'Allemande se livre avec facilité. L'absence des maris et des fiancés doit également être porté en ligne de compte. Ajoutons que, fort heureusement pour les Allemandes, leurs maris où fiancés sont de très-bonne composition en ce qui touche la fidélité de la femme.

*
* *

L'Allemand a l'instinct de la conservation formidablement développé. Cela lui a toujours beaucoup servi. On dit de lui ce que nous avons mainte fois entendu dire chez nous de tel fieffé coquin très-prolifique : « C'est un homme bien digne d'intérêt : il a tant d'enfants ! »

Les hommes de la Germanie, en général, sont exacts et assidus au travail, servis en cela par un flegme qui nous manque, mais qui est la constatation indéniable de l'infériorité morale de celui qui en est doué. Ce sont des êtres humains incomplets. Ils n'en sont que plus rusés, que plus fourbes ; car quoi qu'ils en disent, ils ont la conscience de ce qui leur manque et tous moyens leurs sont bons pour rétablir une sorte d'équilibre entre eux et les races latine et slave, qui leur sont de beaucoup supérieures. Ils supportent mieux que nous une avanie, une injure : nous ne connaissons rien de plus en leur faveur.

Leur immoralité dépasse toutes bornes. Que l'on en juge : aussitôt l'armistice signé, ils n'ont eu rien de plus pressé que de nous offrir un produit favori de leur industrie : des gravures d'une obscénité qui eût fait rougir Jules Romain lui-même !

Ils prêchent aujourd'hui la réconciliation ; ils sont hommes, disent-ils ; mais Lacenaire, Dumolard, Caïn, Néron, eux aussi, appartenaient à l'humanité !

L'immense responsabilité qui incombe à leurs chefs ne saurait nous faire oublier les crimes auxquels ils se sont associés.

Ce n'est donc pas avec ces Allemands dont nous venons de parler, avec ces Allemands immondes, voleurs, espions, lâchement meurtriers de vieillards, de femmes, d'enfants, d'hommes désarmés, détrousseurs de grandes routes, incendiaires, qui, pour cacher un de leurs méfaits en commettent vingt autres, que nous pouvons nous réconcilier !

Si les Guillaume, les Fritz, les Frédéric-Charles, les Moltke, les Bismarck croient que cela se peut, ils se trompent étrangement.

Le roi Guillaume, — maintenant l'empereur Guillaume, — avait dit, avant Sedan, qu'il ne faisait point la guerre aux Français, mais à Bonaparte seulement.

Si ce n'eût pas été là un odieux mensonge, ayant pour but de provoquer chez nous une révolution politique et d'en profiter, Guillaume, le roi des espions, eût accepté la paix que nous ne demandions qu'à conclure après Sedan, et il se fût montré de facile composition.

C'eût été d'un habile politique, dans l'intérêt de l'Allemagne. C'eût été d'un homme sensé et de

cœur. Il eût épargné la vie à plus de cent mille
de ses sujets.

Mais, ni le roi Guillaume, ni ses immenses hordes ne pouvaient admettre que la paix se fît ainsi.
Ils voulaient ravager et piller la France; nous
enlever une de nos plus patriotiques province et
partie d'une autre non moins patriotique; ils voulaient notre or, notre argent, notre cuivre, nos
étoffes, nos meubles, et détruire, autant que possible, ce qu'ils ne pouvaient emporter ou ce que
nous serions dans l'impuissance de leur livrer.
Tant pis pour ceux d'entre eux qui allaient rester
sur le carreau! La patrie allemande allait être
riche de nos dépouilles et la dignité impériale devait couronner les Hohenzollern!

Cela leur a paru préférable à la conclusion d'une
honorable paix à la suite de Sedan, à la reprise
de nos relations de travail et de commerce, aux
salaires et aux bénéfices honnêtement réalisés chez
nous!

Ils ont été impolitiques en nous accablant, en
allumant une haine qui ne se calmera que lorsque
nous les verrons dans le malheur, abattus à leur
tour, et surtout alors que la génération nouvelle,
de laquelle nous avons parlé plus haut, aura grandi.

Quand à la génération d'aujourd'hui, qu'elle dé-
vore ce qu'elle nous a enlevé; soit : mais qu'elle
reste dans son abjection, loin de nos regards.

* *
*

Revenons sur nos pas. Les Allemands, tels qu'ils sont, devaient faire de forts bons soldats, dès qu'ils seraient bien commandés et dès que leur fibre grossière aurait été surexcitée par l'appât d'un gain facilement obtenu, d'une vengeance à exercer,

Rien ne leur a manqué. M. de Bismarck, qui se figure que la conquête et le pillage valent mieux que le travail; M. de Bismarck, qui partage les préjugés et les erreurs des anciens âges, avait admirablement préparé les voies. Par l'enseignement mensonger qu'il faisait donner dans les universités allemandes et même au milieu des familles, il ne pouvait manquer d'ameuter la race germanique contre nous. Par le système d'espionnage qu'il avait établi en France, il était certain de marcher-constamment à coup sûr. Il savait, non-seulement ce qu'il fallait faire pour employer notre administration à la réussite de ses desseins, mais où se trouvaient nos principales richesses. C'est véritablement un homme supérieur en son genre, trop supérieur même, à un certain point de vue, car il a dépassé le but que, raisonnablement, il devait se proposer.

Le roi Guillaume et son fils Fritz sont deux médiocrités dont la bravoure est très-problématique : en **1848**, Guillaume (prince royal alors, méprisé

du peuple prussien), se découvrit en face d'une
émeute qui faillit tourner à la révolution, alors
que les injures les plus grossières lui étaient prodiguées; Fritz va bien en guerre; mais il est toujours campé au milieu d'un corps d'armée de vingt
mille hommes : sa précieuse personne n'a jamais
été exposée qu'au feu de l'âtre.

Guillaume, dont l'hypocrisie est de tous les ins-
tants, invoque sans cesse la divine Providence :
c'est son soutien, c'est son excuse, c'est son prin-
cipal cheval de bataille. Comme la Providence doit
se trouver bien honorée!

La reine Augusta, — maintenant l'impératrice,
s'est modelée sur son mari, en bonne Allemande;
c'est tout ce que nous avons à dire d'elle.

Un tel couple devait produire un être tel que
celui qu'il appelle « notre Fritz, » c'est-à-dire un
gros garçon aimant à bien vivre, faux bonhomme
qui rendrait des points à Tartufe. C'est avec conviction que, lui aussi, invoque ou remercie le ciel
à propos de tout et à propos de rien.

Guillaume, Augusta et Fritz, avec les préjugés
qui distinguent leur caste, avec une fortune politique d'autant plus surprenante que Guillaume s'en
est montré peu digne, sont de meilleure foi qu'on
ne pourrait le croire, lorsqu'ils invoquent la Providence. Ils ne sont pas sans se figurer qu'il est
quelque part un dieu qui les dirige, qui les protége,

qui fait réussir leurs plus coupables desseins. Nous avons même la conviction qu'ils seraient fort étonnés d'entendre émettre un doute là-dessus.

C'est de l'aberration de leur part, soit; mais c'est une force considérable, tant il est vrai que cette parole « la foi transporte les montagnes » est une métaphore des plus justes.

En dépit de ses préjugés de caste, le roi Guillaume s'est depuis longtemps senti bien peu, — comparativement aux Bismarck, aux Moltke, aux Frédéric-Charles même.

Ces hommes lui avaient dit : laissez-vous conduire et l'empire d'Allemagne est à vous, sinon mieux encore.

Guillaume les a écoutés et il a l'empire d'Allemagne pour lui et sa famille et les dépouilles de la France pour *son peuple!*

Pendant la guerre, le roi Guillaume, qui vidait notre meilleur champagne à pleins bords de ses hanaps, ivre de toutes les ivresses, envoyait à Augusta de sentimentales dépêches qui, répandues par toute l'Allemagne, atténuaient, en les faisant prendre en patience, en donnant à espérer un butin immense et prochain, les maux qu'éprouvait la population allemande restée chez elle.

Un concours incroyable de circonstances est venu en aide aux hordes germaniques.

A la suite de la capitulation de Sedan, digne fin du second Empire, un temps magnifique a favorisé la marche des armées allemandes sur Paris.

Frédéric-Charles assiége notre première forteresse de l'Est et trouve en Bazaine un complice de l'Empire déchu, et non, comme nous l'espérions, un défenseur de la France.

L'eunuque de Moltke assiége Paris. Désespérant de nous réduire de vive force, c'est de la famine qu'il attend notre capitulation.

Nous avions pu croire, au moment où la guerre fut déclarée, que les souverains de Bavière, de Saxe, de Wurtemberg et de Bade resteraient neutres, dans leur propre intérêt aussi bien que dans celui des peuples qu'ils gouvernaient; dès le début, ils s'étaient associés à l'ennemi commun, soit par lâcheté, soit dans l'espérance d'avoir leur part de nos dépouilles. La population badoise, qui vivait surtout de nos richesses, a été des premières à se ranger contre nous.

On sait comment les Allemands ont pratiqué la guerre. Ils ont fait servir la convention de Genève au transport de leurs troupes et de leurs munitions, à l'espionnage, au massacre d'hommes désarmés. Tandis que leurs blessés recevaient les meilleurs soins dans nos ambulances, ils achevaient férocement ceux des nôtres restés sur le champ de bataille. Objets d'horreur pour nos femmes, ils les violaient mortes ou vives! (La Providence qu'ils invoquent à tout moment ne permettra pas qu'une seule naissance soit le résultat de ces monstruosités. Le sang allemand n'est propre qu'à engraisser la terre française, tandis que le sang français doit faciliter la régénération de l'Allemagne.)

Il faudrait plusieurs volumes, c'est-à-dire un cadre tout autre que celui que nous nous sommes tracé, des renseignements et des loisirs qui nous font défaut, pour raconter les horreurs de l'envahissement germanique.

Les Frédéric-Charles, les Meklembourg, les Wittick, les Saxe-Meningen et tant d'autres sont allés, comme à Châteaudun, jusqu'à mettre de leur main le feu aux rideaux de l'hôtel où on leur avait donné à manger. Avec des brandons enduits de pétrole ils mettaient le feu aux villes, aux villages, aux fermes. Ils tuaient pour le plaisir de tuer. Un chef envoyait une balle à l'un de ses soldats, et, prétendant que le *crime* avait été commis par un habitant du lieu où la scène se passait, il imposait une amende inouïe à la population tout entière. Jamais encore pareil système d'extorsion, de destruction et d'immolation ne s'était vu.

Payons, puisque nous sommes vaincus, mais gardons précieusement ce que la force ne saurait nous

enlever : notre haine pour les incendiaires, les voleurs, les destructeurs, les immolateurs de ceux
dont ils n'avaient reçu que des bienfaits !

III

Nous sommes vaincus, nous les petits-fils des héros de la grande Révolution. Pourtant, Paris n'aspirait qu'à se bien défendre et le patriotisme de la province ne le cède pas à celui de Paris.

Après Sedan, il nous fallait tout improviser : nous sommes de ceux qui pensent que cela pouvait se faire avec succès. L'artillerie prussienne était infiniment supérieure à la nôtre; l'organisation militaire prussienne était excellente et nous n'avions plus d'armées!

La guerre avait été déclarée par un empereur devenu à moitié imbécile et qui avait pris le commandement en chef des troupes. Les généraux favoris de cet empereur étaient ou incapables ou disposés à trahir leur pays, s'il le fallait, en faveur d'une dynastie sans laquelle ils ne pouvaient plus être rien. Le vide dans les arsenaux, dans les places fortes, dans les intendances; le vide de ce qu'il faut à une armée qui va entrer en campagne. Pas une seule alliance, et cependant c'est la France qui a fait les Etats-Unis, l'Italie, c'est elle qui, par son traité de commerce, a enrichi l'Angleterre depuis dix années.

Les résultats devaient être ce qu'ils ont été.

Nous n'examinerons point si l'on eut raison de faire la révolution politique du 4 septembre; ce que nous avons dit dans le cours de ce travail explique assez notre pensée à ce sujet, et du reste l'Assemblée nationale vient de confirmer, dans un vote mémorable, la déchéance des Bonaparte.

Nous ne dirons point si l'on fit bien ou mal en ne convoquant point une Assemblée nouvelle à la suite du 4 septembre, c'est là une question qui peut être très diversement appréciée.

Après l'entrevue qu'eut à Ferrières M. Jules Favre avec M. de Bismarck, notre sentiment est qu'il eût dû y avoir convocation d'une Assemblée, surtout sans armistice.

Immédiatement à la suite du 4 septembre, des menées bonapartistes pouvaient être à craindre (1). Il fallait que les préfets de l'Empire fussent changés et que les nouveaux administrateurs des départements eussent été nommés, rendus à leurs postes, ce qui était effectué lors de l'entrevue de Ferrières.

Ceux qui nous gouvernaient pensaient que cela

----

(1) Elles ne l'étaient pas si le gouvernement eût fait ce qu'il devait logiquement faire.

n'était pas ou possible ou à propos; passons condamnation sans récriminer... pour le moment.

C'est ici le moment de faire justice d'une odieuse calomnie répandue à profusion (1).

On a mille fois répété que c'est Paris qui a fait la révolution politique du 4 septembre, et que le gouvernement de la défense nationale a été exclusivement composé de députés de Paris.

C'est faux de tout point.

La révolution politique du 4 septembre n'a été que la résultante des hésitations que la majorité de la Chambre, — provinciale et issue des candidatures officielles, — avait montrée la veille. Parmi les membres du gouvernement improvisé, la plupart n'appartenaient point à la représentation de Paris. Le chef du nouveau pouvoir, le général Trochu, est Breton; il n'appartenait pas à la Chambre. Ajoutons que Trochu, comme on ne saurait l'ignorer, venait, sur sa demande, d'être nommé gouverneur de la capitale par Napoléon III.

Il n'y a pas à ergoter : tels sont les faits dans toute leur vérité.

---

(1) Les propagateurs de la calomnie dont il s'agit ne se doutaient pas que le gouvernement actuel conserverait trois des principaux membres de son aîné du 4 septembre : MM. E. Picard, Jules Simon et Jules Favre, et qu'allaient en faire partie M. Thiers et l'amiral Pothuau, nommés par nous, électeurs de Paris.

M. Trochu a reçu tous ses hauts grades du gouvernement impérial. On le savait. Mais, en 1867, il avait publié un livre, que bien peu de personnes ont lu, dans lequel il critiquait vertement l'organisation de l'armée française. Ce livre (que nous connaissons et qui ne nous a pas inspiré une haute estime pour les talents militaire de son auteur), prôné par quelques amis, avait fait une grande réputation à M. Trochu. On disait en outre que le général, brave comme la poudre, probe comme un vrai fils de la vieille Armorique, avait constamment refusé toute espèce de faveur de Bonaparte. On n'ajoutait point : « Sauf ses grades et ses décorations. »

Un pouvoir occulte, mais dont les ramifications s'étendent partout (le jésuitisme), avait pu seul faire une telle réputation, unique dans l'armée du second Empire, à notre gouverneur.

Quoi qu'il en soit, du reste, M. Trochu inspirait à la population parisienne une confiance aveugle, que nous lui avons conservée pendant de longs mois, en dépit de tout.

Un jour, il nous a déclaré qu'il ne nous restait plus rien à manger ; pas même, sous quatre jours, ni une once de viande de cheval, ni une bouchée de ce mélange infect, composé d'un peu de froment, de riz, d'avoine, de vesce et même de graine de lin, qu'on nous distribuait si parcimonieusement en guise de pain !

Quelques-uns d'entre nous crièrent bien haut. Il n'était plus temps. Mais nous anticipons, retournons quatre mois en arrière.

Donc, le 4 septembre, tout le monde à Paris avait une aveugle confiance en M. Trochu, non à cause de ce que valait cet homme, mais pour le mérite qu'on lui supposait. Sans doute, la tâche qu'il avait assumée n'était pas peu de chose ; mais la question n'est pas là.

Il fallait que Paris fût calme, tranquille, résigné. Paris a été tout cela. Sauf certains frémissements bien naturels sur lesquels nous aurons un mot à dire plus loin, sa tenue a été parfaite, trop parfaite même. Il a fait l'admiration de tous les étrangers restés dans nos murs ; c'est donc avec juste raison que M. Victor Hugo a pu dire (le 1er mars) à l'Assemblée de Bordeaux :

« Paris, depuis cinq mois, Paris combattant fait l'étonnement du monde. Paris, en cinq mois de République, a conquis plus d'honneur qu'il n'en avait perdu en dix-neuf ans d'empire. (Bravo, bravo sur tous les bancs de l'Assemblée).

« Ces cinq mois de République ont été cinq mois d'héroïsme. Paris a fait face à toute l'Allemagne...

Trois cent mille pères de famille se sont improvisés soldats. »

Ajoutons que, dans toutes les rencontres, qui n'ont pas été nombreuses, hélas! c'est la garde nationale parisienne qui a entraîné les jeunes mobiles et même les vieilles troupes.

Non moins justement que M. Victor Hugo, et à peu près en même temps, M. Perdiguier a pu écrire les lignes suivantes, à propos de M. Trochu :

« J'ai d'abord cru en lui, je l'ai défendu avec
« chaleur, car on l'a attaqué trop tôt et sans raison,
« et je conclus à ceci : Point d'élan, d'activité, de
« tenacité, d'initiative, de chaleur dans l'âme, de
« foi dans notre salut. Il avait quatre cent mille
« hommes et plus, armés, équipés, prêts à com-
« battre ; un magnifique armement, des canons,
« des mitrailleuses que nous lui avons offerts ; la
« science, l'industrie étaient à ses ordres, lui offrant
» tous leurs secrets, toutes leurs merveilles pour
« notre délivrance ; il est resté froid ; il n'a su
« tirer parti de rien ; notre ardeur a été amortie
« autant que possible ; on nous laissait dans l'inac-
« tion ; plus de trois cent mille n'ont pas vu un
« seul Prussien, n'ont jamais tiré un seul coup de
« fusil, et notre capitulation a été une surprise
« extrême, une rage sans égale dans tout Paris.
« Quoi ! tomber ainsi quand tout était prêt pour le
« grand combat ?

« Une remarque : Trochu avait parlé contre la
« distribution des croix d'honneur, ensuite il les a
« prodiguées. Il avait dit : Le gouverneur de Paris
« ne capitulera pas, et peu de jours après il a capi-
« tulé. »

Oui, M. Trochu, le grand décorateur du clergé,
de l'intendance militaire qui laissait nos soldats
sans pain, sans abris, — de jeunes congréganistes
qui n'ont jamais vu le feu, mérite bien tous les reproches qui lui sont trop bénignement adressés
dans les lignes qui précèdent.

Cet homme, que l'on nous avait dit être brave
comme la poudre, tremblait jour et nuit tel qu'un
roseau fané qu'agite une brise d'hiver. Il lui fallait
constamment près de lui l'abbé Bauër, un juif pré-
tendu converti, ancien commensal des Tuileries,
pour qu'il osât se hasarder sur un champ de bataille, mais loin encore du danger véritable. Mais
ni l'abbé, ni le général ne pouvaient avoir d'autre
souci que de nous faire prendre patience, jusqu'à
l'heure où il ne nous serait plus permis de rien
espérer !

Ah ! si la province croit avoir des récriminations
à formuler contre les hommes de Paris, combien
plus nous avons à nous plaindre d'une foule des
siens, à commencer, si l'on veut, par notre ancien
gouverneur !

Mais, on nous objecte que Paris est révolution-

naire et républicain et que la province est conservatrice et monarchique. C'est vouloir nous payer
de mots. C'est méconnaître l'histoire ; c'est mentir
à ce qui se passe hors de nos murs. Sans doute, il
y a en province une classe qui ne veut point de
République, qui tremble au seul mot de Révolution : c'est la classe des grands propriétaires ruraux (faubourg Saint-Germain de la campagne),
héritiers de ceux qui, il y a plus ou moins de siècles,
de par le droit de conquête, s'emparèrent des terres
du laboureur, lequel, de possesseur d'un champ,
fut réduit à la condition de serf et plus tard (grâce
à 89) de fermier. Cette classe de la Société craint
toujours que révolution ne devienne synonyme de
revendication : voilà le fait (1).

Paris a aussi son contingent de ce qu'on appelle
encore en certains lieux « la noblesse », et aucune
de nos feuilles, même les plus *révolutionnaires*, n'a

---

(1) Sous le bénéfice de certaines réserves qu'il peut y avoir à faire,
nous devons impartialement dire que beaucoup d'hommes, appartenant à la « noblesse, » se sont bravement battus contre les Allemands. Mais la bravoure de nos « gentilshommes » n'a jamais été
mise en question et il a bien fallu que leurs aïeux aient été de hardis
batailleurs, sinon ils ne se fussent pas emparés des champs des vieux
gaulois. Comme les bons chiens, notre « noblesse » chasse de race :
voilà ce qu'on peut dire tant à son avantage, qu'à l'avantage de
toutes les « vieilles noblesses du monde, » mais en forçant la vérité,
car des alliances et de *fugitives relations*, ont depuis longtemps profondément modifié le sang de la « gentilhommerie. »

tenu à son égard le langage qu'elle souffle dans les journaux qui sont à sa dévotion. Qu'on lise la *Gazette de France*, l'*Univers* et deux ou trois autres publications que nous ne voulons pas citer, et l'on sera édifié : la fusillade en grand du prolétaire est demandée comme une chose toute simple, dans le seul but de faire taire les cris de celui qui n'a que de trop justes motifs de se plaindre. Que l'on y prenne garde; il pourrait être répondu : — Mais, messieurs, vous êtes donc devenus tout à fait prussiens! (1)

---

(1) A propos des prétendus griefs de la province contre Paris, nous dirons, avec les *Débats* (feuille qui n'est pas rouge!) que c'est à la province et non point à Paris, à « se frapper la poitrine, à faire pénitence. » Les Prussiens ont fait déchoir la France, soit; la province peut ne plus vouloir de Paris pour capitale, soit encore. Mais, qu'est-ce que l'un et l'autre fait prouvera? Rien, sinon l'abus de la force. Qui est-ce qui a amené un Bonaparte à la présidence, et, par suite les massacres de décembre 1851, un règne odieux de dix-neuf ans, sombrant dans la honte, facilitant l'œuvre de spoliation germanique? La province! — Que les hommes de la province renient leur capitale, peuplée cependant de tant des leurs, à commencer par celui qui écrit ces lignes; mais qu'ils veuillent rejeter leurs propres torts sur Paris, la justice du présent et de l'avenir leur en font la défense.

Autre affaire : Paris est républicain et la province ne l'est pas.

Mais, dirons-nous avec un journal de province, le *Courrier de Normandie*, — la République n'a jamais existé en France. Celle de 1792 ne fut qu'une lutte gigantesque du régime nouveau contre le passé. Elle fut tuée par un « conquérant, » qui venait d'abandonner son armée d'Egypte; par Bonaparte 1er qui, digne oncle d'un tel

Revenons à notre ancien gouverneur.

M. Trochu avait sous ses ordres plus de quatre cent mille hommes facile à discipliner et qui ne demandaient qu'à combattre tous les jours. Mais la discipline, si relâchée sous Bonaparte, le devint encore davantage avec notre gouverneur, qui n'aspirait qu'à se rendre de plus en plus populaire et qui, à cet effet, peu de jours après qu'il fut le chef du gouvernement, annula toutes les nominations d'officiers de la garde mobile et les soumit à l'élection, mesure désorganisatrice et insensée s'il en fût : tout ce qu'a fait M. Trochu est dans ce genre.

Des punitions ridicules étaient infligées à quelques malheureux déserteurs, au lieu de les fusiller sur place, comme on eût dû le faire, afin que, dans l'intérêt de la défense commune, chaque homme qui

---

neveu, au point de vue moral, n'eut jamais d'autre *objectif* que sa *précieuse* personne et sa *précieuse* famille.

« En 1848, a-t-on eu la République? Qui l'oserait soutenir? En a-t-on fait un essai sérieux? Quelques mois à peine! Puis Bonaparte est venu, qui, lui, ne l'a point violée par la victoire, mais étranglée nuitamment, après l'avoir depuis longtemps déshonorée. »

On a parlé des crimes de la première République? En vérité, y en a-t-il eu beaucoup? Nous l'admettons; mais les dragonnades de toute sorte d'avant 89; mais la terreur blanche de la Restauration; mais les crimes qui suivirent le 2 décembre et dont l'auteur coûte à la France des victimes par centaines de milliers, une honte que nous ne pourrons pas effacer de notre histoire, une perte matérielle qui peut se chiffrer par quelque chose comme vingt milliards, c'est-à-dire vingt fois MILLE MILLIONS.

4

avait un fusil à la main fût à l'avance bien fixé sur
ce qui l'attendait, au cas où il viendrait à lâcher
pied. Pour quelques misérables qui avaient fui ou
déserté, on faisait afficher et insérer à la feuille
officielle, par ordre du Gouverneur, des proclama-
tions blessantes pour toute l'armée.

Et nous laissions faire, croyant, dans notre naï-
veté, que tout ce qui se faisait avait sa raison d'être,
devait concourir à la réalisation du fameux plan
qui nous était annoncé !

En sa qualité d'officier qui devait tout à l'empire,
notre Gouverneur tolérait la propagande dissol-
vante des officiers bonapartistes dans l'armée ; qu'on
ne soit donc plus étonné si chacun de nos soldats
n'a pas fait son devoir ; comme clérical et légitimiste par conséquent, il laissait les officiers de la
mobile faire à leur aise de la propagande Cham-
bordienne ; des insanités se débitaient chaque soir
dans des réunions publiques et M. Trochu, dans
l'intérêt de sa popularité, applaudissait en nous di-
sant : « Parisiens, mes amis, toute liberté vous est
laissée ; plaignez-vous donc ? » Mais des mesures
utiles à la défense nationale étaient-elles discutées
et, après avoir été adoptées, soumises au Gouvernement ? On n'était pas écouté. (Nous savons par
nous-mêmes à quoi nous en tenir là-dessus.)

C'était partout la désorganisation, le décourage-
ment érigés en système.

Il semble que M. Trochu, au plan duquel ses collègues ont cru jusqu'au dernier jour, comme la majorité de la population parisienne (1), ait pris à tâche de discréditer la forme du gouvernement qui avait surgi « toute seule » le 4 septembre, d'une part; d'autre part, de s'y prendre de telle sorte que Paris dût succomber un jour.

La victoire, c'était le triomphe absolument certain du Gouvernement républicain qui, voulant que chaque chose soit à sa place, ne peut admettre que l'Église s'ingère dans les affaires de l'État. Donc, s'il est vrai que M. Trochu soit clérical, et légitimiste par conséquent, son fameux plan n'a pas besoin d'explication : Il a réussi dans toute la mesure de celui qui l'avait conçu. C'est la plus infernale combinaison jésuitique dont l'histoire puisse faire mention ! (2)

Quoi qu'il en soit, avec une bonne organisation, de la discipline, de l'activité, on pouvait disposer de plus de quatre cent mille hommes qui eussent vaillamment combattu. On pouvait empêcher les

______

(1) Nous apprenons cependant, au dernier moment, que, dans le courant de décembre, M. Favre adressait à la délégation de Bordeaux, une dépêche très-décourageante à l'endroit des agissements de M. Trochu.

(2) M. Paschal Grousset va plus loin que nous : il ne voit dans Trochu qu'un instrument des jésuites. M. Grousset pourrait fort bien avoir raison.

hordes allemandes de s'établir sous Paris. Si, lors de leur arrivée, où il n'était pas possible de leur livrer de grandes batailles, on était suffisamment prêt pour commencer avec fruit leur complète exter_ mination, au moyen de sorties incessantes, d'un système de harcèlement bien entendu.

Au lieu de cela, quoi? Des affaires telles que celles de Châtillon, du Bourget, d'Avron, de Montretout; c'est-à-dire des hommes souvent abandonnés sans défense aux coups de l'ennemi ou que l'on envoie, sans artillerie, s'emparer, à l'arme blanche, de murs crénelés, derrière lesquels l'envahisseur tire à coup sûr (1)!

---

(1) C'est ici le cas de faire remarquer à nos lecteurs, en leur demandant pardon de toutes nos disgressions et de toutes nos notes, — ce que nous n'avons pu éviter, — combien M. Trochu a été heureusement servi par ses lieutenants.

Le 30 novembre, M. Ducrot, — échappé, *on ne sait comment,* — des mains de l'ennemi, arrive à Paris, — *on ne sait comment encore,* — pourvu d'un commandement par notre gouverneur, qui le représentait comme un héros, M. Ducrot prend le commandement en chef de l'armée qui, nous ne savons pourquoi, allait passer la Marne sur un pont de bateaux : on pouvait attaquer l'ennemi dans une position infiniment plus avantageuse et sans exposer nos soldats à être culbutés dans la rivière qu'ils allaient traverser, M. Ducrot, dès le 28, avait lancé une proclamation officielle des plus flamboyantes; il ne devait rentrer à Paris que *mort* ou *victorieux.* M. Ducrot fit s'entretuer Français et Allemands : c'est connu; mais il ne fut point *victorieux* et revint *sain* et *sauf!* — Émule de Fritz, il sut se conserver vierge de toute égratignure.

Telle est l'histoire des faits d'armes dont M. Trochu nous a rendu témoins et cependant beaucoup
d'ennemis ont été tués! Qu'eût-ce donc été si
M. Trochu eût combattu sérieusement. Mais il
semble qu'il n'ait voulu que sauvegarder un peu son
honneur militaire et faire taire les « sang impur »
et les « guerre à outrance, » dont le patriotisme
pouvait être un continuel reproche pour notre gouverneur et ses amis.

Ajoutons, pour en finir avec un sujet que nous
traitons point sans dégoût, ces deux réflexions :

Il y a eu de l'*agitation* à Paris!

L'affaire du 31 octobre est la seule qui mérite
attention. Elle fut, en toute conscience, en toute
vérité, provoquée par M. Trochu lui-même; soit de
sa part aberration, lâcheté, trahison plus ou moins
consciente, nous sommes dans le doute. L'abandon

Pauvres d'esprit que nous sommes, nous le plaignîme! Il y en eut
même qui l'admirèrent!

Il vient de nous révéler quelle était sa pensée (compte rendu de ce
qui s'est passé dans l'Assemblée nationale (Bordeaux), le samedi
4 mars.

M. Ducrot, *quel que soit le mobile qui l'inspire,* — M. Ducrot, que
nous pouvons aujourd'hui considérer comme une sorte de boule-
dogue, devenu enragé parce que la chute de l'empire a dérangé ses
espérances d'avancement, — M. Ducrot veut l'extinction du paupé-
risme par la fusillade en masse des prolétaires! — Napoléon III,
lui-même, n'était pas allé si loin. Pauvres moutons, voilà à quelle
bête M. Trochu, notre berger, nous confiait!

du Bourget venait d'avoir lieu dans des circonstances à jamais déplorables, pour ne pas dire plus ; la trahison bonapartiste de Bazaine, que Trochu cachait depuis plusieurs jours, venait d'être connue ; la minorité d'entre nous, toujours plus perspicace que la majorité, se croyait, avant d'avoir combattu, exposée à ce que Paris fût livré comme Metz l'avait été.

Une *manifestation* eut lieu à l'Hôtel-de-Ville. Pas une notoriété sérieuse en tête, malheureusement ! —On voulait un gouvernement de Paris pour Paris, laissant à la province, qui du reste avait à sa tête un gouvernement à elle (qu'elle pouvait changer si bon lui semblait), le soin de faire ce qu'elle jugerait opportun. — M. Trochu pleura, promit tout ce qui lui était demandé ; mais bientôt, — aidé des fidèles mobiles qu'il avait fait venir de Bretagne pour lui servir de garde prétorienne et qu'il a fait décimer en si grand nombre pour « l'honneur militaire » de sa personne, M. Trochu, revenu de son effroi, ne tint aucun compte de ses promesses.

Il s'ensuivit de tout cela, et dans les affiches placardées sur tous les murs de Paris, et dans les colonnes du journal du gouvernement, une *procession* d'avis se réfutant les uns les autres.

Cela dura trois jours, pendant lesquels les monarchistes purent dire à leur aise :

« Voilà ce que c'est que la République ! »

M. Trochu gagnera le Ciel, nous le voulons bien ; mais, franchement, au cas où cela serait en notre pouvoir, pouvons-nous lui accorder plus? — Notre confiance aveugle en lui a fait sa réputation en province, l'a fait élire dans plusieurs départements (1), tant nous avions exalté, par tous les moyens de communication possibles, l'intelligence et le patriotisme de notre gouverneur, si bien gradé et décoré par Napoléon, ce dont nul d'entre nous ne paraissait savoir un traitre mot.

Voilà pour notre première réflexion (un peu compliquée, il est vrai); passons à la seconde.

Le 3 novembre, 550,000 votes environ confirment le gouvernement de la défense nationale dans ses fonctions, M. Trochu en tête (nous ne voyions que lui, que par lui), mais avec un mandat tout spécial, celui de nous *défendre.*

Comment notre gouverneur a-t-il usé de ce mandat?

Nous ignorons comment cela s'est fait, mais nous savons bien que nous n'avons pas été du tout défendus; qu'on nous a laissé odieusement bombarder, en opposant seulement la protestation d'une affiche ridicule; que nous avons été conduits aux

---

(1) Il n'a pas osé accepter la candidature qui lui était offerte à Paris, car il savait qu'enfin on ne le tenait plus pour un grand homme et qu'il n'eût recueilli que l'échec du mépris!

boucheries de Châtillon, du Bourget, d'Avron, de Montretout; qu'à la suite de la dernière affaire, M. Trochu demanda bruyamment un armistice de deux jours pour enterrer des morts qu'une épaisse couche d'argile recouvrait déjà et pour enlever des blessés qui se trouvaient dans nos ambulances depuis plusieurs heures!

Dans quel but une telle comédie pouvait-elle être jouée? Nous avons bien le droit de croire qu'on ne visait qu'à nous décourager.

En ce moment même, M. Trochu, dans tous les cas infidèle au mandat spécial qu'il avait reçu de nous, était en voie de capitulation! La condamnation tout entière de M. Trochu est dans ce seul fait, qui restera sur son honneur comme l'ineffaçable tache de sang sur la main de Macbeth!

Telle est notre seconde observation, — pour en finir avec notre ex-gouverneur.

IV

Nous nous bornerons à résumer en quelques lignes la défense nationale en province.

Même histoire qu'à Paris, ou à peu près.

Au Gouvernement, un homme jeune, patriote éclairé, sincère, ardent comme chacun de nous eût dû l'être, d'une activité sans bornes : Gambetta (1); — deux nullités politiques et administratives : Crémieux et Glais-Bizoin; — un ancien agent de Bonaparte à Cayenne, fourré là par Trochu : Martin Fourrichon.

Pour l'action, quelques généraux qui, assurément, ont fait leur devoir : Faidherbe, Bourbaki, Cremer, Clinchamp, Garibaldi. Beaucoup d'autres officiers qui se sont admirablement conduits. Une foule d'autres qui se sont comportés « à la Bazaine »; qui, mettant leurs mauvaises passions politiques ou tout autre mobile vil, détestable, au-dessus du pays, ont constamment fui devant l'ennemi, ont

---

(1) Notons que nous faisons de sérieuses réserves, jusqu'à plus ample informé, sur certains actes de Gambetta.

tout fait pour démoraliser les troupes placées sous leurs ordres. Des soldats, de jeunes gardes mobiles, des gardes nationaux jeunes et vieux, de hardis francs-tireurs qui, comme nous à Paris (1), ne demandaient qu'à se sacrifier pour repousser l'invasion et se sacrifiaient bravement. Une intendance militaire des plus déplorables, comme la nôtre. Pas mal de jeunes gens appartenant à « la vieille noblesse » qui se sont battus *pro aris et focis;* mais quantité de vieux hobereaux, riches propriétaires et par cela même très-influents et quantité d'anciens fonctionnaires bonapartistes auxquels tous les moyens étaient bons pour désorganiser la défense nationale, les uns et les autres agissant de la sorte, soit par intérêt, soit par passion politique. En deux mots, un complot d'ex-fonctionnaires justement mis en disponibilité et de barons de toute sorte qui réclament encore et toujours, non-seulement l'assommement des prolétaires, mais qu'on taillade la chair des pauvres diables, pour les punir de crimes qu'eux, barons, ont commis ou fait commettre.

On conçoit que les bons éléments de la défense

---

(1) Disons pour répondre à certaines calomnies, que, s'il s'est produit des défaillances dans les rangs de la garde nationale, nonseulement elles ont été exagérées à dessein, mais elles ne se sont produites que par suite de la manière de faire de M. Trochu, tout comme le système policier de Piétri amenait de prétendues émeutes!

étaient noyés dans le milieu délétère qui les entou-
rait. Au premier signal du général Trochu, la province devait mettre bas les armes et c'est ce qui a
eu lieu.

V

Revanche! Justice! telle est notre épigraphe. Notre conclusion l'expliquera.

Que résulte-t-il de notre écrit? — C'est qu'obéissant à un sentiment détestable, la majorité de la nation s'est donné, en appelant Louis-Napoléon à la présidence de la République, un des plus déplorables gouvernements qui aient jamais existé; c'est que Bonaparte a perverti une foule de consciences; c'est qu'il n'y a jamais eu de cohésion nationale, mais toujours des maîtres et des esclaves ou peu s'en faut; c'est que, de ce qui précède, il résulte que la guerre qui vient de finir a tourné contre nous par l'impéritie ou la trahison (le mot n'est que juste) de nos chefs, par un manque d'union qui n'est que le résultat du passé, bien plus que par le système militaire allemand; c'est que les Allemands, en agissant comme ils l'ont fait à notre égard, ont établi entre eux et nous une barrière qui de long-temps ne pourra tomber.

Finissons-en avec les blonds enfants de la Ger-

manie d'aujourd'hui. Ils nous prennent un territoire qui fait partie intégrante de l'unité nationale ;
un moment favorable viendra, *nous n'en pouvons
douter*, où nous ferons disparaître cette si doulou-
reuse mutilation ; ils nous extorquent, sous prétexte
d'indemnité de guerre, une somme inouïe ; nous y
ferons face, pour beaucoup déjà, en conservant à
notre profit la source des sommes fabuleuses qu'ils
gagnaient ou volaient chaque année chez nous.
Notre revanche, à laquelle nos prisonniers de guerre
eux-mêmes auront largement pris part, ne peut
donc, si nous le voulons bien, manquer d'être complète et ce sera justice.

En ce qui touche la France, voici ce que nous
avons à dire pour aujourd'hui (1). Nous avons succombé surtout par suite du défaut de cohésion
entre les diverses classes de la société. Pour nous
relever, — mieux, — pour devenir enfin la grande
nation civilisatrice, pour assurer le bien-être général
autant qu'il peut exister dans un monde où jamais
l'on ne verra rien de parfait, pour payer nos dettes,
pour reprendre nos trésors emportés et notre territoire spolié, pour nous moraliser et nous rendre
vraiment forts, il nous faut prendre une grande revanche sur nous, en devenant unis. — Comment

---

(1) Dans un nouvel écrit, nous développerons notre pensée,
comme elle doit l'être, ce que nous ne pouvons faire ici.

cela? — Quelques dispositions législatives sont né-
cessaires; le reste viendra de soi.

En premier lieu, il nous faut la reconstitution de
la famille, objet sur lequel, pour le quart d'heure,
nous voulons seulement provoquer la réflexion de
ceux qui nous liront; en second lieu, il nous faut
la moralité religieuse par la séparation de l'Église
d'avec l'État; en troisième lieu, il nous faut de
profondes modifications dans les lois qui régissent
les transmissions de la propriété : en attendant que
nous traitions la question avec l'ampleur nécessaire,
disons-en quelques mots.

« Comment donc, a dit un de nos plus grands
écrivains, parmi tous les enfants du créateur, ceux-
là se trouvent-ils traités en aînés et ceux-ci en
bâtards? Comment, si l'égalité fut de droit originel,
l'inégalité est-elle de droit posthume? »

M. de Bismarck a dit le mot de la situation : « la
force prime le droit. »

Que l'on examine profondément et l'on verra que
chez nous, comme chez la plupart des autres peuples, la généralité des grandes fortunes provient
ou de la conquête ou de manœuvres qui sont la
négation de tout esprit de justice, comme par
exemple les opérations frauduleuses de cent ban-
quiers que nous aurons un jour à citer à notre
barre.

Eh bien! il faut que cela soit profondément modifié; il faut que le droit reprenne, non toute sa place, ce qui serait la perfection, c'est-à-dire l'impossible ; mais au moins beaucoup de sa place. Il faut justice enfin pour tous les spoliés, — justice dans la mesure du possible, — relative, — nous n'en demandons pas plus.

Nous ajouterons ceci, à l'adresse de certains barons du sol et de la finance, qui vont jeter de haut cris : il faut que les réformes que nous indiquons si concrètement soient effectuées ; si ce n'est pas de bonne volonté, ce sera par la force qui, ce jour-là, sera le droit, ou bien c'en est fini de la France, qui va s'éteindre dans l'anarchie (1).

P. S. — Au moment où notre brochure allait être mise sous presse, de graves événements se sont pro-

---

(1) Nous avons de sérieux sujets de redouter que nous ne nous éteignions dans l'anarchie, puis dans le démembrement. Tous les actes de l'Assemblée de Bordeaux, de très-hauts emplois donnés à certains individus qui, moralement, sont de la trempe des Saint-Arnaud et des Morny, nous font craindre qu'il n'y ait un parti pris de déconsidérer la forme républicaine, de représenter tout ce que la France a d'hommes intelligents, honnêtes, dévoués au bien de la patrie, comme une classe d'êtres ingouvernables. En vérité, nos vieux hobereaux et les anciens serviteurs de Louis-Napoléon, nous paraissent bien plus soucieux de se courber devant un souverain, qui leur conservera priviléges et fortune, l'un et l'autre acquis Dieu sait comment, que du salut commun de la nation.

duits à Paris : le gouvernement était en désaccord avec la garde nationale et il a voulu faire triompher sa volonté par la force. Qu'est-il arrivé? C'est que la troupe s'est jointe à la garde nationale. Il en sera toujours de même à l'avenir lorsqu'un gouvernement agira selon son caprice, au lieu de consulter l'opinion publique, qu'il faut tout d'abord savoir éclairer.

Constatons un fait, à l'honneur de la population ouvrière de Paris, si calomniée. Pendant la nuit du 19 au 20 mars, nous avons parcouru le faubourg Saint-Antoine, Belleville, Montmartre : partout nous n'avons rencontré que de bons citoyens, que des hommes qui veulent travailler, que des amis de tout ce qui est juste, mais par cela même intraitables vis-à-vis de toute mesure arbitraire.

La population de Paris ne mérite aucun des reproches que lui adressent ses ennemis. Les hommes de la province qui sont au milieu de nous le savent si bien qu'ils n'ont pas pris le parti du gouvernement.

La révolution du 18 mars n'est qu'une des conséquences inévitables de ce que Paris n'a pas été défendu comme il devait l'être par ceux auxquels nous nous étions confiés. ÉT. V.